◇ 읽다 보면 저절로 알게 되는

신비한 공감말 사전

글·그림 양작가

파란정원

공감이란?

다른 사람의 감정, 의견, 주장 따위에 대하여

자기도 그렇다고 느끼는 기분

작가의 말

　친구가 상을 받으면 나도 덩달아 기쁘고, 영화 속 주인공이 슬픔에 차 눈물 흘리면 나도 모르게 눈물이 주룩 흐른 경험이 있나요? 이런 감정을 공감이라고 해요.
　공감은 사람마다 느끼는 정도가 달라서 공감 능력이 뛰어난 사람은 감성적이고, 공감 능력이 약한 사람은 이성적이라고들 해요. 하지만 이런 공감 능력과 관계없이 내 기분을 미리 알고 상황에 맞게 누군가 위로해 주거나 함께 기뻐해 준다면 그것만큼 기분 좋은 일도 없을 거예요. 반대로 내 감정을 제대로 알지도 못하면서 아는 척한다면 도리어 불쾌해지지요. 공감은 이처럼 마음이 활짝 열리기도 하고, 단단하게 닫혀 버리기도 하는 마법의 열쇠와 같아요.
　《읽다 보면 저절로 알게 되는 신비한 공감말 사전》에서는 우리가 자주 사용하는 칭찬의 말, 공감·맞장구의 말, 응원의 말, 조언·감사의 말, 사과의 말 속에 마법의 열쇠 '공감'을 담아 보았어요. 친구들이 상대의 마음을 읽고, 공감하고, 그것을 말로 표현할 수 있게 도와줄 거예요.
　이 책을 읽은 친구들이 생활 속에서 여러 사람과 만나 그들에게 공감하고, 자신의 마음을 생각대로 표현할 수 있길 바랍니다.

양작가

차례

1장 칭찬의 말

- 01 넌 정말 대단해! ……………………… 14
- 02 집중하는 모습이 멋있어 …………… 16
- 03 힘들었을 텐데 끝까지 해내다니, 최고야 · 18
- 04 열심히 연습하더니, 참 잘한다 ……… 20
- 05 약속을 지켜 줘서 고마워 …………… 22
- 06 넌 특별한 재능이 있구나, 부러워 … 24
- 07 어쩜, 그렇게 예쁘게 말하니 ………… 26
- 08 하기 싫은 일도 즐겁게 해서 보기 좋아 … 28
- 09 넌 참 긍정적이구나 ………………… 30
- 10 솔직하게 말해 줘서 기뻐 …………… 32
- 11 맡은 일을 끝까지 해낸 너, 믿음직스러워 · 34
- 12 작은 준비물도 잊지 않고, 꼼꼼하구나 … 36
- 13 배려해 주어서 편안했어 …………… 38
- 14 언제나 단정한 모습이 예뻐 ………… 40
- 15 넌 생각이 참 깊구나 ………………… 42
- 16 모두 네 덕분이야 …………………… 44
- 17 넌 참 재미있어 ……………………… 46
- 18 너의 생각이 놀라워 ………………… 48
- 19 넌 항상 기대돼 ……………………… 50
- 20 항상 웃는 얼굴에 기분 좋아져 …… 52
- 21 착한 마음에 감동했어 ……………… 54
- 22 힘이 넘쳐 보여 ……………………… 56
- 23 네가 하면 역시 달라 ………………… 58
- 24 넌 참 정의롭구나 …………………… 60
- 25 멋지다, 개성 넘쳐 …………………… 62

2장 공감·맞장구의 말

26 아~, 그랬구나 …… 66
27 네 말이 맞아 …… 68
28 그 마음 이해해 …… 70
29 나라도 그랬을 거야 …… 72
30 좋은 생각이야 …… 74
31 재밌겠다, 같이 하자 …… 76
32 너도? 나도! …… 78
33 많이 속상했겠다 …… 80
34 피곤하구나 …… 82
35 무슨 일이야? 얘기해 봐 …… 84
36 정말? 너무하잖아! …… 86
37 누구야? 내 친구 속상하게 한 게! …… 88
38 맞아, 맞아(정말 그래) …… 90
39 어머, 진짜? …… 92
40 우와, 대단하다 …… 94
41 아이고, 어떡해 …… 96
42 그래. 그건 아니지 …… 98
43 다행이다 …… 100
44 참, 잘했네(잘됐네) …… 102
45 그래서 어떻게 됐어? …… 104

3장 응원의 말

46 실수해도 괜찮아, 우린 배우는 중이니까 …… 108
47 힘들 땐 나에게 기대, 우린 친구잖아 …… 110
48 넌 충분히 잘하고 있어 …… 112
49 내가 응원할게, 파이팅 …… 114
50 다 잘될 거야 …… 116
51 시작이 반이래. 넌 할 수 있어 …… 118
52 꿈이 없으면 어때, 우린 아직 어리다고! …… 120
53 넌 언제나 최고야 …… 122
54 난 네 편이야 …… 124
55 너라서 좋아 …… 126
56 언제나 널 믿어 …… 128
57 넌 반짝반짝 빛나고 있어 …… 130
58 넌 참 괜찮은 친구야 …… 132
59 우린 계속 발전하고 있잖아 …… 134
60 실패하면 어때, 또 도전하면 되지 …… 136
61 노력은 절대 배신하지 않는대 …… 138
62 우울할 땐 떡볶이지, 내가 쏜다 …… 140
63 도움이 필요하다면 언제든 불러 …… 142
64 넌 특별하고 소중해 …… 144
65 긍정의 힘을 믿어 봐 …… 146

4장 조언·감사의 말

- 66 이렇게 생각해 보면 어떨까? ······ 150
- 67 생각에 맞고, 틀린 건 없어 ······ 152
- 68 속여서 이기는 것보다 지는 게 나아 ······ 154
- 69 잘못은 바로 사과하는 게 좋아 ······ 156
- 70 지키지 못할 약속은 하지 않는 거야 ······ 158
- 71 겉모습보다는 마음을 봐야 해 ······ 160
- 72 말로도 상처 입힐 수 있어 ······ 162
- 73 말을 잘하기보다 잘 듣는 게 중요해 ······ 164
- 74 핑계는 신뢰를 잃게 해 ······ 166
- 75 5분 여유를 두고 움직여 봐 ······ 168
- 76 '만약 나라면' 어떻게 했을까? ······ 170
- 77 네 믿음에 더 잘할 수 있었어 ······ 172
- 78 모두 네 덕분이야 ······ 174
- 79 감동이야(감격스러워) ······ 176
- 80 사랑합니다 ······ 178
- 81 네가 있어 참 다행이야 ······ 180
- 82 오래오래 간직할게(기억할게) ······ 182
- 83 고마워(감사합니다) ······ 184
- 84 네가 곁에 있어 든든해 ······ 186
- 85 함께라서 정말 기뻐 ······ 188

5장 사과의 말

- 86 정말 미안해 ······ 192
- 87 내 잘못이야 ······ 194
- 88 핑계는 대지 않을게 ······ 196
- 89 네 마음이 풀릴 때까지 기다릴게 ······ 198
- 90 반성하고 있어. 다음엔 이런 일 없을 거야 ······ 200
- 91 충분히 이해해. 나라도 너처럼 화냈을 거야 ······ 202
- 92 괜찮니? 내가 실수했어 ······ 204
- 93 속상했지, 다음엔 더 조심할게 ······ 206
- 94 내가 더 신경 썼어야 했는데… ······ 208
- 95 미리 연락하지 못해서 미안해 ······ 210
- 96 정말 후회하고 있어 ······ 212
- 97 섭섭했지, 내 생각이 짧았어 ······ 214
- 98 미안, 먼저 ○○하고 있을래? ······ 216
- 99 가볍게 생각하지 않아 ······ 218
- 100 오해하게 했다면 미안해 ······ 220

등장 인물 소개

동고래
똑똑하고 논리적으로
생각하고 행동해요.

동그래
엉뚱한 발상으로
재미있는 일상을
만들어요.

셈
장난기가 많고,
친구들과
잘 어울려요.

다루
항상 여유롭고
긍정적으로
행동해요.

모미
행동은 느리지만,
섬세하고 남을 잘 도와줘요.

1장 칭찬의 말

넌 정말 대단해!

'대단하다'는 아주 뛰어나거나 중요하다는 뜻으로, 상대를 크게 칭찬할 때 자주 사용해요. 하지만 진심이 담기지 않은 칭찬은 도리어 비꼬는 듯한 인상을 줄 수 있어요. 칭찬할 때 그에 맞는 말투와 행동을 함께한다면 더욱 기분 좋은 칭찬이 될 거예요.

집중하는 모습이 멋있어

'멋있다'는 보기가 좋다는 뜻으로, 외모를 칭찬하는 말로 많이 사용해요. 하지만 외모뿐 아니라 칭찬할 만한 행동을 했을 때도 사용할 수 있어요. 남녀 구분 없이 누구에게나 할 수 있는 칭찬이랍니다.

003
힘들었을 텐데 끝까지 해내다니, 최고야

'최고'는 여럿 중 가장 뛰어나다는 첫째라는 의미로 사용해요. 조금은 과장된 칭찬으로 보일 수 있지만, 칭찬하는 이유를 정확하게 이야기한다면 칭찬을 받는 사람에게 최고의 칭찬이 될 거예요. 엄지까지 척 들어 보이면 더욱 기분이 좋겠지요.

004
열심히 연습하더니, 참 잘한다

'잘하다'는 어떤 일을 익숙하고 훌륭하게 한다는 뜻으로 결과를 칭찬하는 말이에요. 하지만 무슨 일이든 처음부터 잘하는 사람은 없어요. 반복되는 과정을 통해 점점 잘하게 되지요. 그래서 잘한다는 칭찬을 할 때는 노력한 과정을 넣어 칭찬하는 것이 좋아요.

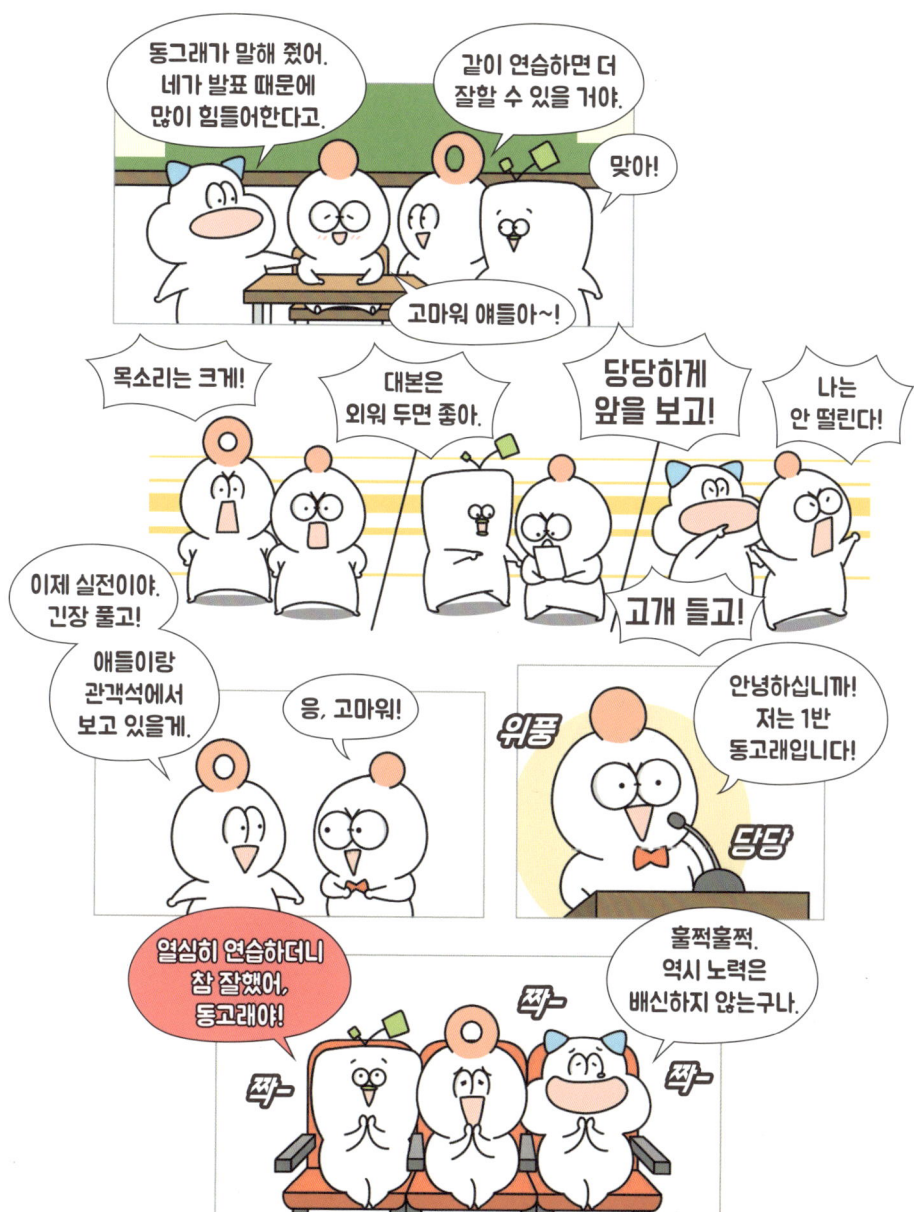

005 약속을 지켜 줘서 고마워

'고맙다'는 상대가 베푼 친절에 마음이 흐뭇하다는 뜻으로 감사 인사로 많이 사용해요. 그냥 지나칠 수 있는 작은 일에도 고맙다고 말해 보세요. 상대는 그 인사에 민망해하면서도 칭찬을 받은 것처럼 기분 좋아할 거예요.

006
넌 특별한 재능이 있구나, 부러워

'부럽다'는 상대가 가진 좋은 것을 보고 자신도 갖고 싶은 마음이 들 정도로 대단함을 칭찬하는 말이에요. 칭찬거리는 눈에 보이는 물건이나 외모일 수도 있고, 보이지 않는 재능이나 성격 등이 될 수도 있어요. 하지만 질투와는 정확히 구분해야 한답니다.

007
어쩜, 그렇게 예쁘게 말하니

'예쁘다'는 행동이나 말이 발라서 마음이 흡족하고 사랑스럽다는 뜻이에요. 겉으로 보여지는 외모를 칭찬하는 말로 알고 있지만, 행동이나 말속에 담긴 예의 바른 모습을 칭찬할 때도 사용해요. '멋지다'와 바꿔서 칭찬할 수 있어요.

하기 싫은 일도 즐겁게 해서 보기 좋아

'좋다'는 마음에 들어 만족스럽다는 뜻이에요. 친구를 관찰하다 보면 눈에 띄지 않았던 칭찬거리들이 보일 때가 있어요. 이런 때 '보기 좋아'라는 말로 칭찬해 보세요. 친구의 웃는 얼굴을 볼 수 있을 거예요.

넌 참 긍정적이구나

'긍정적'은 낙관적이라는 의미로 모든 것을 밝고 희망차게 본다는 뜻이에요. 긍정적인 사람은 쉽게 포기하지 않고, 어떤 일에서든 배울 것을 찾아 자신을 발전시켜 나아가요. '긍정적'이라는 칭찬은 밝고 진취적인 모습을 칭찬할 때 사용해요.

솔직하게 말해 줘서 기뻐

'기쁘다'는 마음이 흐뭇하고 만족스럽다는 뜻으로 감정을 표현할 때 주로 사용해요. 작은 것이라도 속이지 않고 솔직하게 말해 준 친구에게 고맙다는 표현과 함께 쓸 수 있어요. 나의 좋은 감정을 상대에게 이유와 함께 알려주면 상대는 기분 좋은 칭찬으로 인지하게 되지요.

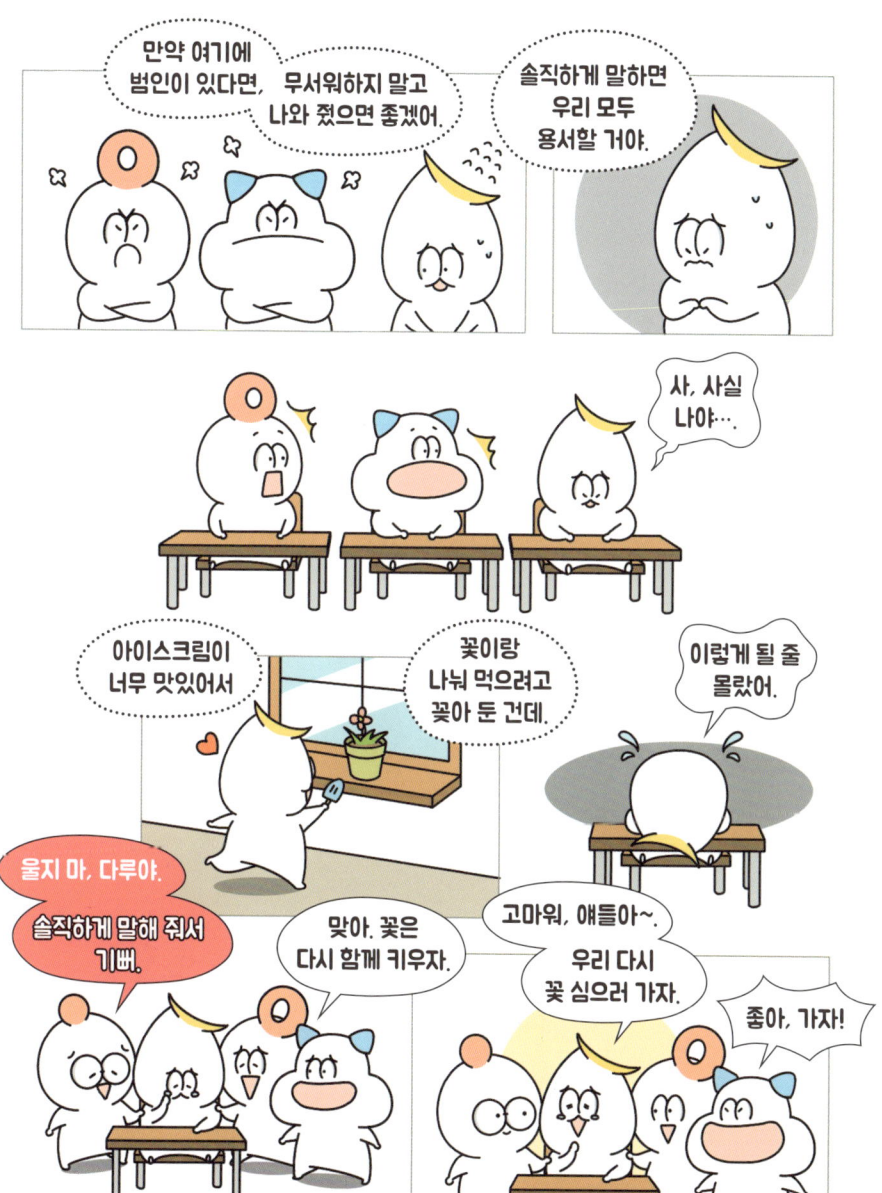

맡은 일을 끝까지 해낸 너, 믿음직스러워

'믿음직하다'는 매우 믿을 만하다는 뜻으로, 인간관계에서 가장 의미 있고 큰 칭찬이에요. 다른 사람에게 믿음을 준다는 건 굉장히 어려운 일이지만, 한 번 믿음을 주면 쉽게 깨어지지 않는 것이 믿음이랍니다.

012 작은 준비물도 잊지 않고, 꼼꼼하구나

'꼼꼼하다'는 세심하고 빈틈이 없다는 뜻으로, 어떤 일을 차분하고 완벽하게 하거나 끝마쳤을 때 하는 칭찬이에요. 때때로 꼼꼼한 것이 너무 느리게 보여 단점으로 보일 수도 있지만, 시간을 들인 만큼 좋은 결과를 얻을 수 있어요.

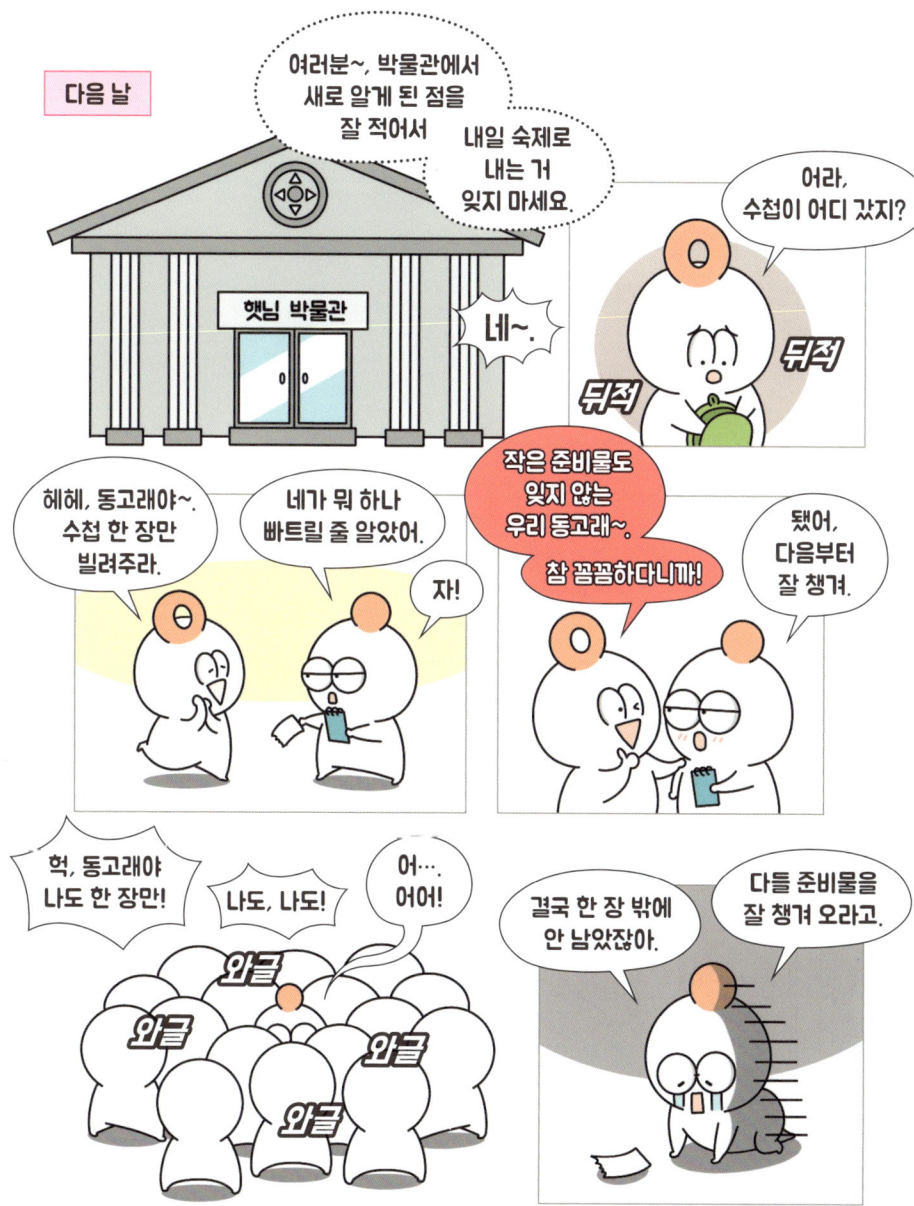

배려해 주어서 편안했어

'편안하다'는 몸이나 마음이 불편함 없이 좋다는 뜻으로, 어색하거나 불편한 자리에서 상대가 마음이 담긴 배려하는 말이나 행동을 하였을 때 하는 감사 인사예요. 작은 배려라도 지나치지 말고 감사 인사로 칭찬해 봐요.

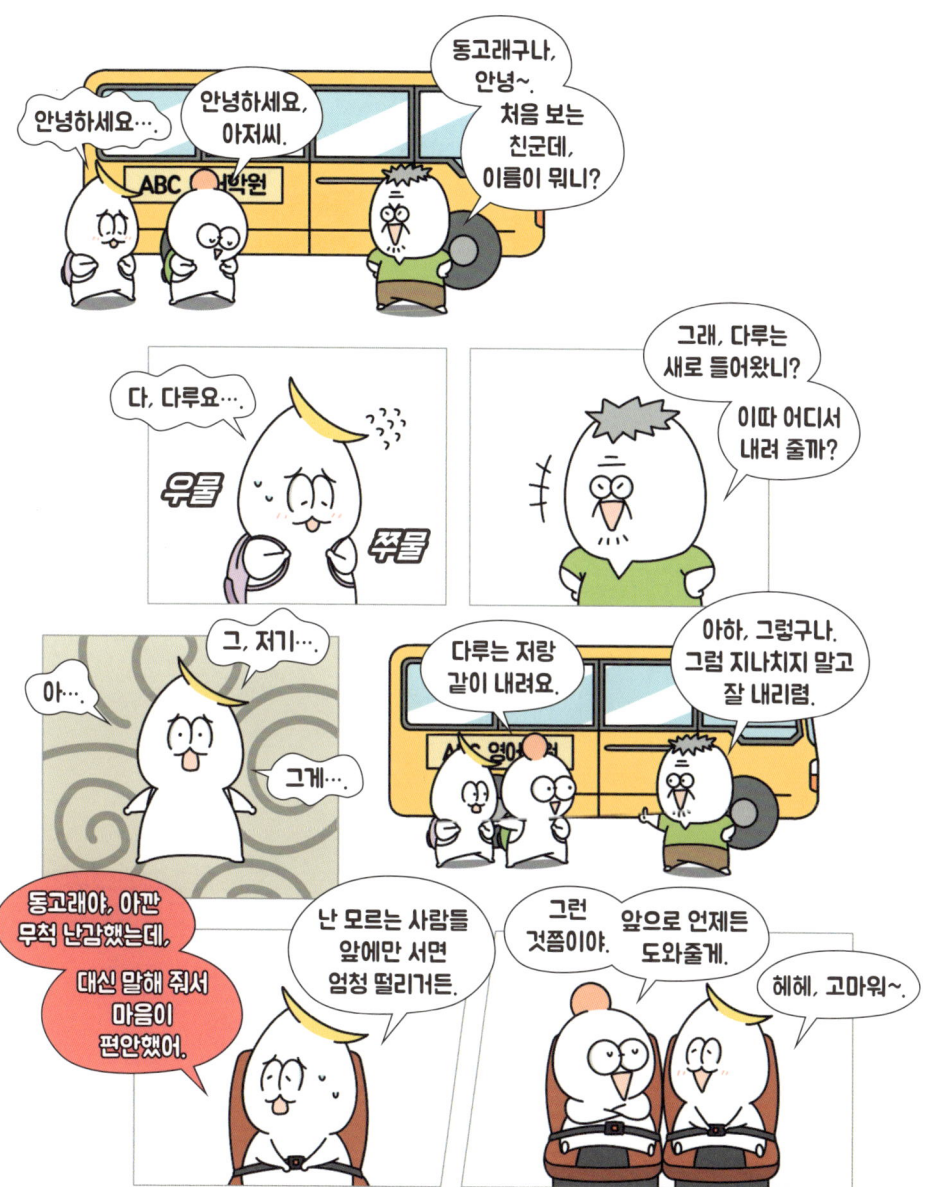

014
언제나 단정한 모습이 예뻐

'예쁘다'는 겉으로 보이는 것이 아름답다는 뜻으로 자주 사용되는 칭찬이에요. 하지만 화려하고 좋은 것만 예쁜 것이 아니에요. 잘 어울리는 것, 깔끔하고 단정한 것, 귀여운 것도 예쁘다고 할 수 있어요.

넌 생각이 참 깊구나

'생각이 깊다'는 생각이나 마음 씀씀이가 크고 신중하다는 뜻으로, 나보다 남을 먼저 생각하거나 어떤 문제에서 내가 생각하지 못한 부분까지 폭넓게 답을 내놓았을 때 하는 칭찬이에요. 이 칭찬을 들으면 왠지 형이나 누나가 된 기분이겠죠.

모두 네 덕분이야

'덕분'은 상대가 베푼 은혜나 도움을 뜻하는 말로, 좋은 결과를 얻게 된 공을 상대에게 넘기며 크게 칭찬할 때 사용해요. 함께 한 일이라도 상대를 추켜세워 주면 상대 또한 나를 추켜세워 서로 기분 좋은 칭찬이 되지요.

얘들아, 나 좀 도와줄 수 있니?

무슨 일인데?

내일이 부모님 결혼기념일이거든.

그래서 선물을 만들고 싶은데,

혼자 하기 벅찰 것 같아서….

그런 거라면 당연히 도와줘야지.

맞아, 언제든지 말해.

고마워, 그럼 이따 우리 집으로 와.

잠시 후 모미네

어서 와, 얘들아.

재료는 내가 사 뒀어.

넌 참 재미있어

'재미있다'는 즐겁고 유쾌한 기분을 나타내는 말이에요. 하지만 크게 웃음을 준다고 해서 모두 재미있다고 할 수 없어요. 다른 사람을 낮추어 만든 웃음은 언어폭력이랍니다. 어떤 웃음을 칭찬해야 할지 구분할 수 있겠지요.

너의 생각이 놀라워

'놀랍다'는 감동이 느껴질 만큼 훌륭하다는 뜻으로, 상대가 가진 상상력이나 판단력, 순발력 등이 뛰어나 감탄스러울 때 하는 칭찬이에요. 조금은 황당해 보이지만 남과 다른 이런 생각이 발전하여 미래가 만들어진답니다.

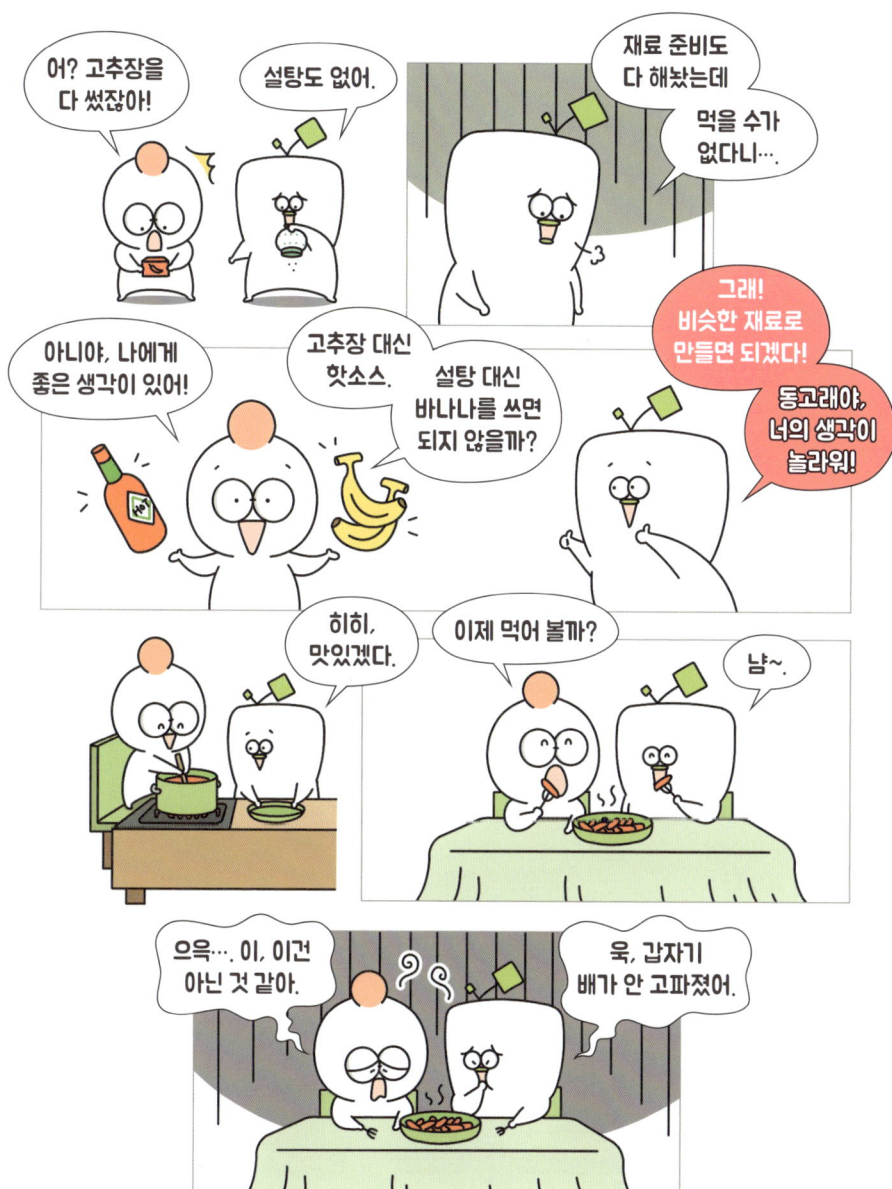

019
넌 항상 기대돼

'기대되다'는 어떤 일이 잘되기를 바라며 기다린다는 뜻으로, 원하는 것 이상으로 좋은 결과를 얻을 것이라는 확신이 담긴 칭찬이에요. 끝없는 노력을 통해 발전한 것이나 평소 뛰어난 실력을 갖춘 것을 칭찬할 때 사용해요.

020
항상 웃는 얼굴에 기분이 좋아져

'기분 좋다'는 마음이 흐뭇하다는 뜻으로, 나도 모르게 마음이 풀려 미소 짓게 되는 감정이에요. 이 칭찬은 밝고 좋은 것, 긍정적인 것을 보며 하는 칭찬으로 상대에게 좋은 감정이 생겨 친한 친구로 이어지기도 하지요.

021 착한 마음에 감동했어

'감동하다'는 크게 느껴 마음이 움직인다는 뜻으로, 보통 책이나 영화를 보며 느끼게 되는 감정이라고 생각할 거예요. 하지만 일상에서도 작은 배려에 감동하고, 부모님의 수고에 감동하고, 친구의 우정에 감동하지요. 커야만 감동하는 것은 아니랍니다.

022

힘이 넘쳐 보여

'힘이 넘치다'는 활달하고 생기 있게 행동한다는 뜻으로, 건강하고 활기찬 모습을 칭찬할 때 사용해요. 외모뿐 아니라 표정, 행동 등에서 느껴지는 넘치는 에너지는 그 사람을 자신만만해 보이게 하지요.

023 네가 하면 역시 달라

'다르다'는 보통보다 두드러진다는 뜻으로, '역시 다르다'는 상대의 능력이 특별히 뛰어남을 강조하여 칭찬할 때 사용해요. 꼭 뛰어나지 않더라도 어떤 일을 잘 처리했을 때 기분 좋게 칭찬하여 상대를 우쭐하게 만들지요.

024

넌 참 정의롭구나

'정의롭다'는 올바르다는 뜻으로 바른 행동을 하였을 때 칭찬하는 말로 사용해요. 바르지만 남들이 하지 못하는 큰일을 하였을 때도 정의롭지만, 하찮게 여겨서 하지 않는 사소한 일도 바르게 지켰다면 정의롭다고 할 수 있어요.

멋지다, 개성 넘쳐

'개성 넘치다'는 다른 사람과 구별되는 상대의 특성을 칭찬할 때 사용해요. 주로 헤어스타일이나 패션처럼 겉으로 보여지는 것을 칭찬하지요. 나만이 가진 독특한 매력도 개성이라고 할 수 있겠죠.

2장 공감·맞장구의 말

아~, 그랬구나

'그랬구나'는 다른 사람의 말을 확실히 그렇다고 여긴다는 뜻으로 상대의 말을 잘 듣고 있다거나 공감한다는 표현으로 많이 쓰여요. 여기에 고개를 끄덕이는 행동까지 함께 하면 상대에게 더욱 강하게 공감을 표현할 수 있어요.

027
네 말이 맞아

'맞다'는 상대가 하는 말에 동의한다는 그렇다, 옳다는 뜻으로 사용해요. 상대의 말에 적극적으로 동의를 표시하여 같은 의견임을 알려주게 되어 부드러운 대화를 이어가며 문제 해결을 쉽게 할 수 있어요.

그 마음 이해해

'이해하다'는 깨닫거나 어떤 것을 잘 알게 되었다는 뜻으로, 그것은 배움을 통해 얻게 된 지식일 수도 있고, 보이지 않는 마음일 수도 있어요. 마음을 이해한다는 것은 공감하고 있다는 표현으로 사용되지요.

029 나라도 그랬을 거야

나 또한 너와 같은 마음으로 같은 행동을 했을 것이라는 말로, 어떤 일을 미안해하거나 후회하고 있는 친구를 위로하는 말로 사용해요. 누군가 나의 행동을 지지해 준다면 축 처진 어깨가 조금은 펴지지 않을까요?

030

좋은 생각이야

서로 의견을 나누는 과정에서 상대의 주장을 긍정적으로 받아들인다는 말로 사용해요. 내가 낸 의견이나 주장에 상대가 긍정적인 반응을 보인다면 누구나 기분이 좋아져 더 좋은 생각들이 마구 떠오를 거예요.

031

재밌겠다, 같이 하자

친구와 놀다 보면 서로 다른 다양한 의견이 나오게 돼요. 이때 내 의견만 주장하다 보면 더 이상 놀이가 진행될 수 없지요. 친구의 의견에 '재미있겠다' 하고 먼저 얘기해 보면 어떨까요? 곧 친구도 내가 제시한 놀이에 같은 이야기를 해 줄 거예요.

032

너도? 나도!

친구와 이야기하다 보면 어떤 한 부분에서 유난히 잘 통하는 경우가 있어요. 이럴 때 '너'와 '나'를 강조해서 말해 봐요. 같은 것을 좋아한다는 공통점이 친밀감으로 바뀌어 금방 친해질 수 있어요.

033

많이 속상했겠다

속상한 일이 있을 때 누군가 '속상했겠다' 하고 내 마음을 읽어 주면 괜스레 울컥하며 눈물이 나오려 한 적이 있을 거예요. 기쁠 때보다 슬픈 일일수록 더 그 마음이 크지요. 우울해 보이는 친구가 있다면 먼저 마음을 읽어 주세요.

034

피곤하구나

상대의 말을 그대로 받아 '-구나'를 붙이면 '속상하구나, 피곤하구나, 기쁘구나'처럼 상대의 감정을 있는 그대로 읽어 줄 수 있어요. 괜한 추측보다 훨씬 좋은 감정 읽기지요. 어설픈 아는 척보다 있는 그대로가 더 좋을 때가 있어요.

무슨 일이야? 얘기해 봐

속상한 친구가 있을 때 모른 척 지나친 적이 있나요? 혼자 마음을 정리할 시간이 필요하다는 핑계로요. 이럴 때일수록 정말 필요한 게 친구예요. 먼저 다가가 '무슨 일이야?' 하고 말을 걸어 보면 어떨까요?

정말? 너무하잖아!

'기쁨은 나누면 두 배, 슬픔은 나누면 반'이라는 말이 있어요. 그만큼 같이 감정을 나누면 큰 힘이 된다는 뜻이에요. 친구에게 화가 난 이유를 듣고 자신의 일처럼 더 크게 화를 내보면 어떨까요? 어느 순간 피식 친구가 웃을 거예요.

037

누구야? 내 친구 속상하게 한 게!

혼자라고 생각한 힘든 상황에서 누군가 내 편이 되어 준다면 무척 고마울 거예요. 게다가 그 사람이 내 친한 친구라면 더더욱 든든하고 힘이 날 거예요. 친구를 위해 위풍당당한 내 편이 되어 주세요.

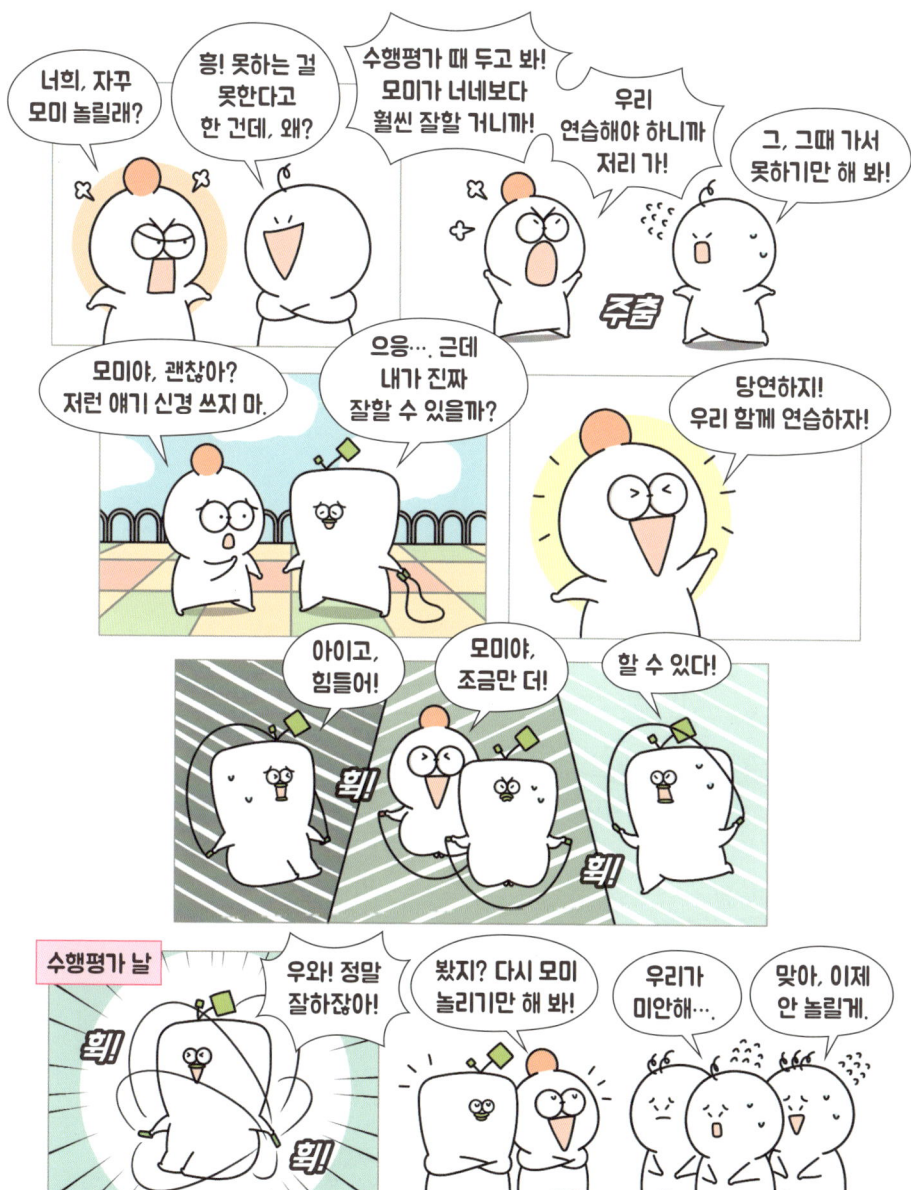

038 맞아, 맞아(정말 그래)

이야기를 할 때 듣고 있는 친구가 눈을 반짝이며 중간 중간 맞장구를 쳐주면, 재미없던 이야기도 더 재미있게 느껴질 때가 있어요. 그리고 나 역시 그 친구의 이야기에 집중하며 맞장구를 치며 깔깔거리게 된답니다.

어머, 진짜?

'어머, 진짜?'는 모르던 사실을 새롭게 알게 되었거나 어이없음, 놀람을 표현하는 맞장구예요. 이런 맞장구는 더 깊은 마음 속 이야기를 끌어내기도 해요. 하지만 다른 사람을 험담하는 말에는 맞장구를 치면 안 되겠죠.

내일 서점에서 내가 제일 좋아하는 작가님의 사인회가 열린대.

어머, 진짜? 좋겠다!

유명한 분이라 사람이 많을 테니, 아침 일찍부터 줄 서 있을 거야!

우와~, 열정이 대단하다.

그날 밤

작가님 만나면 뭐라고 말하지?

으으! 떨려서 잠이 안 와.

다음 날

으악, 늦잠 잤다!!

우와, 대단하다

'대단하다'처럼 칭찬하는 말이 맞장구 말이 되기도 해요. 이때 '우와~'처럼 감탄사를 함께 사용하면 더욱 기분 좋은 맞장구가 되지요. 보통 맞장구는 듣는 사람이 기분 좋아야 해요. 기분이 상한다면 대화가 끊길 테니 맞장구가 될 수 없지요.

아이고, 어떡해

'어떡해'는 안타까움을 나타내는 맞장구 말로, '아이고, 아유' 등과 함께 사용해요. 안타까운 마음을 표정에 담는다면 더 좋은 맞장구가 될 거예요. 자, 표정도 함께 연습해 봐요.

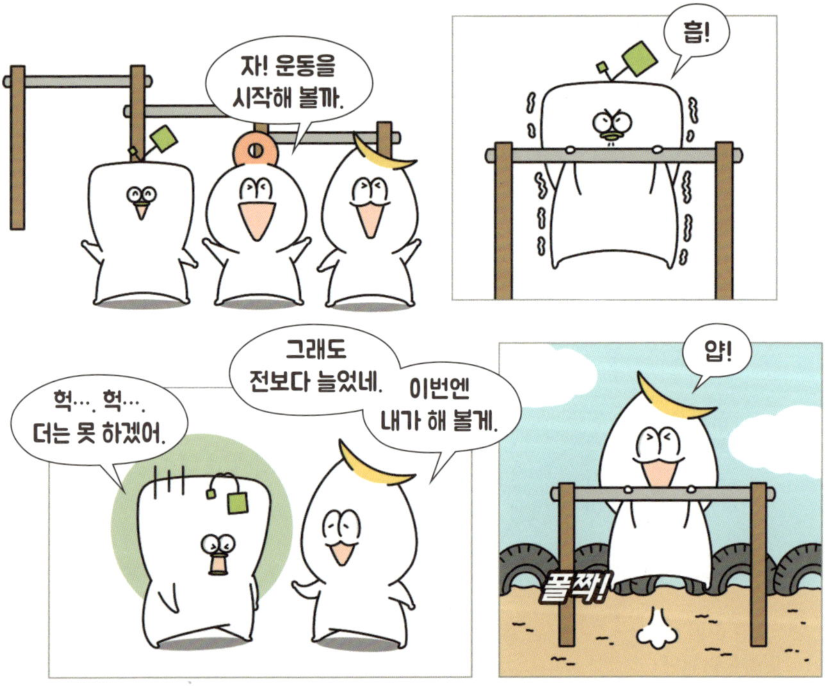

042

그래, 그건 아니지

잘못되거나 옳지 않은 일을 겪고 속상해하는 친구에게 하는 맞장구 말이에요. 부당함에 공감하며 친구의 마음과 행동을 지지할 수 있어요. 하지만 잘잘못은 생각하지 않고 무조건 편을 들다 보면 다른 친구를 헐뜯는 말이 되지요.

043

다행이다

'다행'은 운 좋게 일이 잘되었다는 뜻으로, 조마조마하게 걱정하던 일이 뜻밖에 좋은 결과를 얻은 친구에게 함께 안도하거나 기뻐하며 하는 말이에요. 손을 잡아 주거나 어깨를 살짝 두드려 주는 것도 좋겠죠.

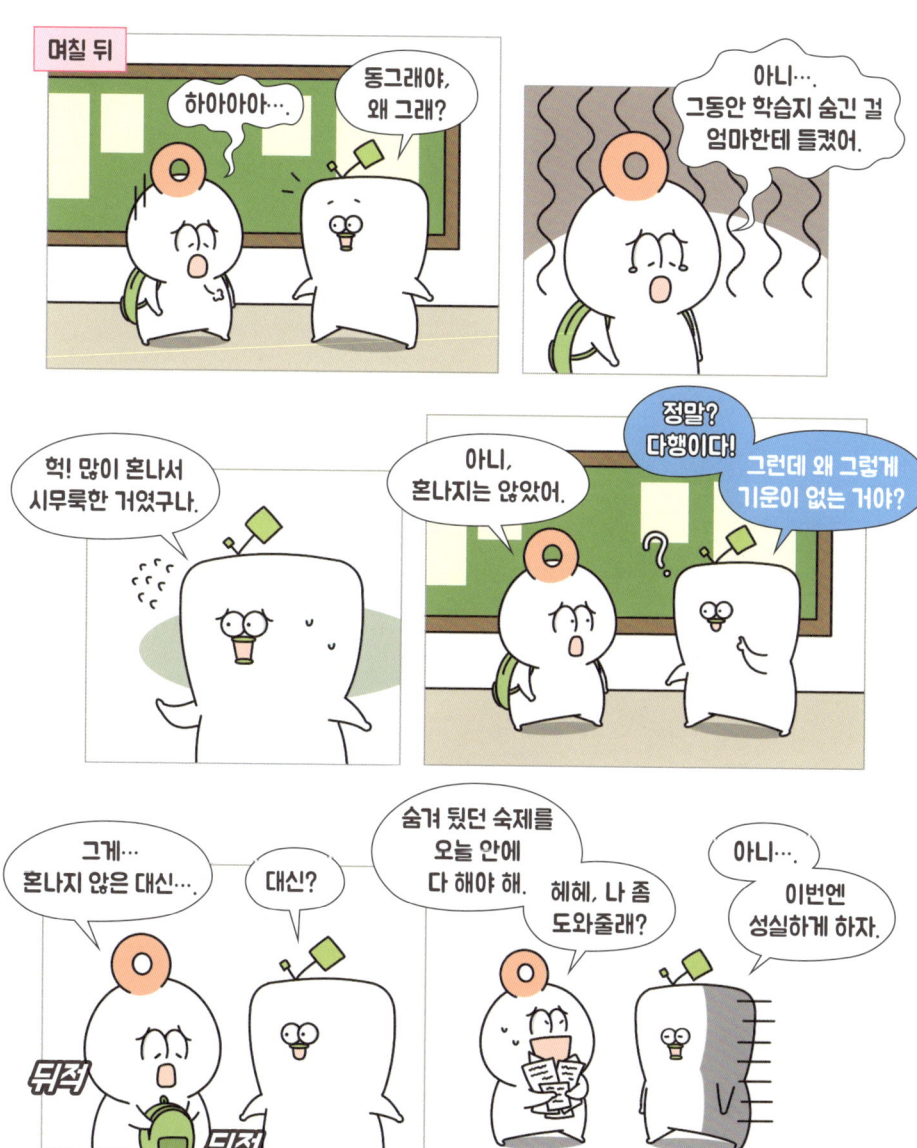

044

참, 잘했네(잘됐네)

'잘했네(잘됐네)'는 행동이나 일의 결과에 대한 맞장구 말이에요. 친구의 선택에 대해 지지하거나 동의한다는 의미로 사용해요. 망설이다 힘들게 내린 결정에 이런 말을 해 준다면 좀 더 힘차게 앞으로 나아갈 수 있을 거예요.

045

그래서 어떻게 됐어?

어떤 사건이나 줄거리를 이야기할 때 자주 사용하는 맞장구 말로, 다음에 어떤 이야기가 펼쳐질지에 대한 궁금증을 그대로 보여 주는 말이에요. 초롱초롱한 나의 눈빛이 다음 이야기를 술술 나오게 하지요.

3장 응원의 말

046
실수해도 괜찮아, 우린 배우는 중이니까

누구나 처음부터 모든 것을 잘할 수는 없어요. 많은 경험과 반복 학습을 통해 점점 발전하는 것이지요. 혹시 실수나 실패가 두려워 도전조차 하지 않으려는 친구가 있다면 이 말을 전해 보세요. 조금은 용기가 생길 거예요.

힘들 땐 나에게 기대, 우린 친구잖아

나에게 힘든 일이 있을 때 가장 먼저 떠오르는 사람은 부모님일 거예요. 그리고 다음이 친구지요. 하지만 친구에게 속마음까지 모두 내보이긴 쉽지 않아요. 힘들어하는 친구에게 먼저 다가가 어깨를 내밀어 보는 건 어떨까요?

넌 충분히 잘하고 있어

어떤 일을 할 때 최선을 다해 열심히 하는데도 잘 되지 않을 때가 있어요. 그러다 보면 잘하고 싶은 마음만 앞서 도리어 일을 망쳐 버리기도 하지요. 실망하고 있는 친구에게 말해 주세요. 다시 일어설 힘이 될 거예요.

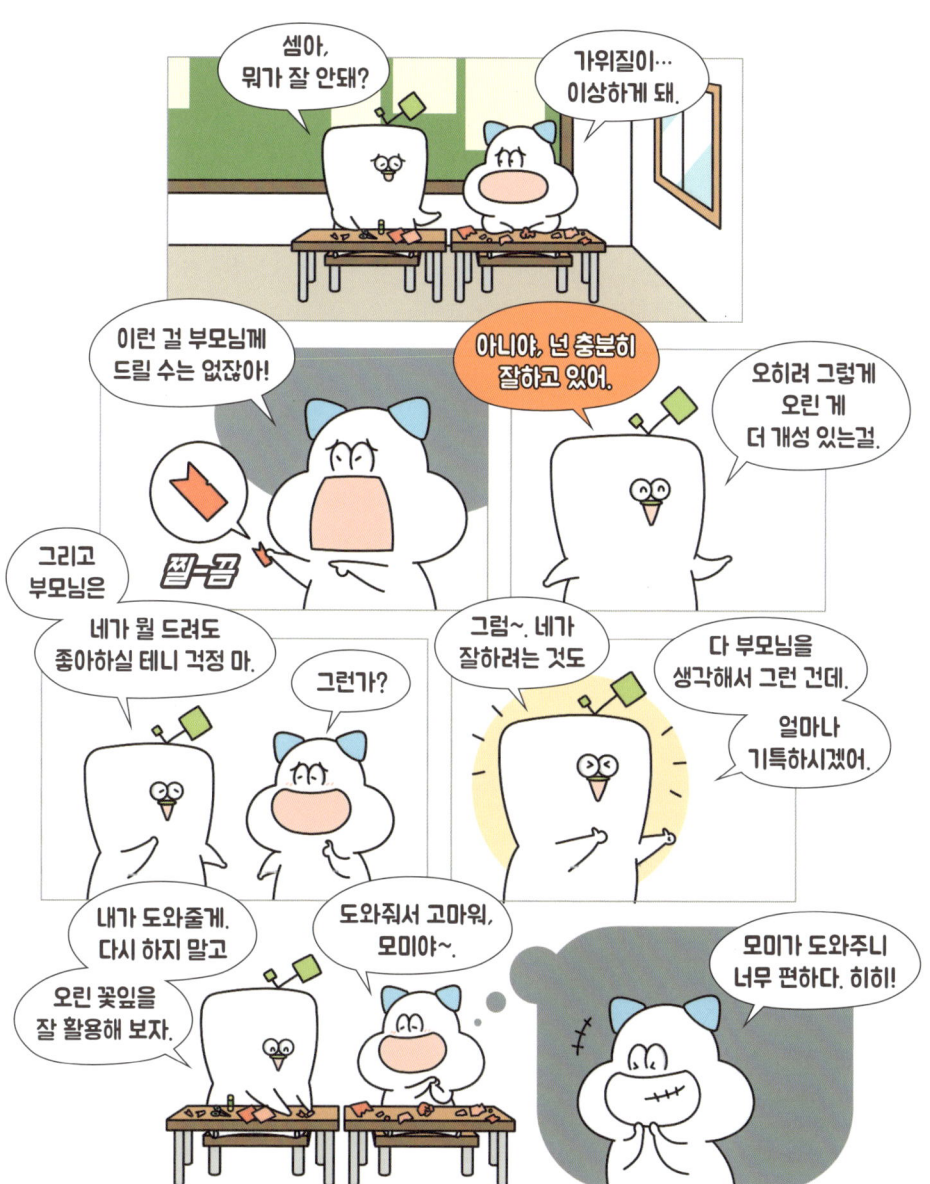

내가 응원할게, 파이팅

운동선수가 관중의 응원과 함성 소리에 힘을 얻어 최악의 상황에서 온 힘을 다해 다시 일어나 우승하는 걸 본 적이 있을 거예요. 우리도 그래요. 누군가 나를 믿고 응원해 준다면 할 수 없을 거라 포기했던 일도 도전할 용기가 되지요.

050 다 잘될 거야

어깨가 축 처져 속상해하는 친구에게 밝은 생각을 할 수 있게 돕는 말이에요. 또, 아직 결과를 알 수 없는 일에 희망을 가지고 기다려 보자는 뜻으로도 사용하지요. 긍정적인 생각이 좋은 결과를 가져온답니다.

시작이 반이래. 넌 할 수 있어

자신의 능력보다 어렵다고 생각되거나 양이 너무 많으면 시작할 결심을 하지 못할 때가 있어요. 하지만 시작하면 언젠가 끝은 있게 마련이니, 시작이 반이라고 하는 거예요. 친구를 도와 빨리 끝낼 수도 있지만, 스스로 할 수 있도록 응원해 보는 건 어떨까요?

052
꿈이 없으면 어때, 우린 아직 어리다고!

어릴 때는 꿈이 너무 많아서 걱정이기도 하고, 자신이 좋아하는 것을 잘 알지 못해 아직 꿈이 없어 걱정인 친구도 있어요. 꿈이 없어 고민하는 친구에게 말해 보세요. 꿈을 탐색할 시간은 아직 많답니다.

053

넌 언제나 최고야

'최고'는 칭찬하는 말로 흔히 사용되어 자주 듣고, 사용해 봤을 거예요. 그런데 '언제나'와 함께 쓰면 '난 널 믿어.' 또는 '잘하고 있어.'라는 신뢰와 끊임없는 노력에 대한 응원의 말로 사용할 수도 있어요.

054 난 네 편이야

'편'은 여러 패 중 하나를 말해요. 같은 편은 한마음 한뜻이 되어 똘똘 뭉쳐 하나가 되니 그 힘이 대단해요. 힘든 상황에서 '내 편'이라는 응원의 말은 아주 큰 힘이 되지요. 하지만 그 힘을 잘못된 곳에 사용해서는 안 된답니다.

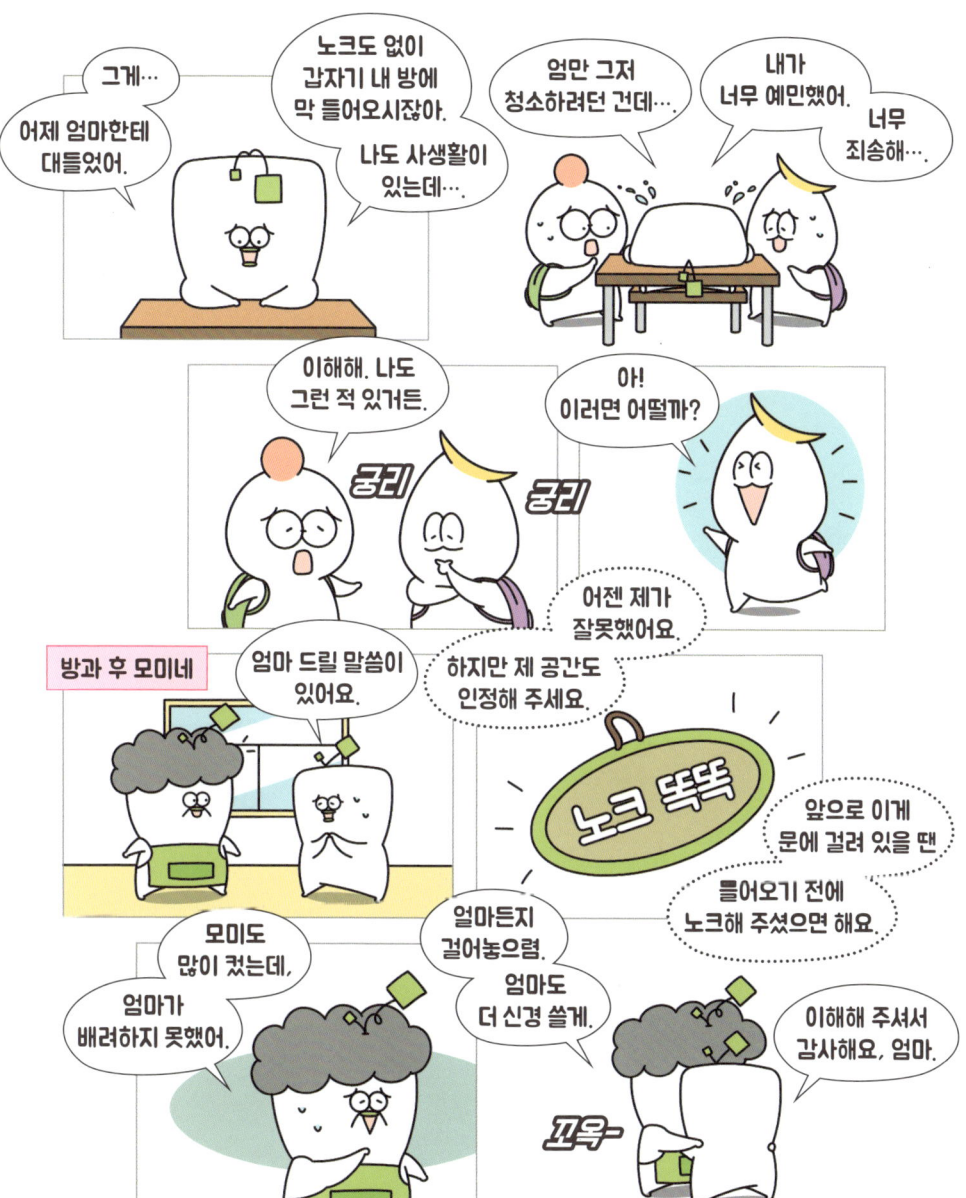

너라서 좋아

같은 학용품 중에도 유난히 손이 가는 것이 있고, 친구 중에도 유난히 마음이 가는 친구가 있어요. 특별히 나에게 잘해준 것도 아닌데 말이에요. '너라서 좋아.'는 '나에게 넌 특별해.' 라는 의미를 주는 응원의 말이랍니다.

언제나 널 믿어

신뢰는 굳게 믿는 마음으로 친구 사이에 신뢰는 그 무엇과도 바꿀 수 없는 것이에요. 그래서 그 신뢰가 깨지면 절친한 친구 사이라도 보통 멀어지게 되지요. '언제나 널 믿어.'라는 말은 친구에게 전하는 가장 큰 응원이에요.

넌 반짝반짝 빛나고 있어

자신이 좋아하는 일에 집중하고 있거나 자신감이 넘칠 때 우리는 반짝반짝 빛을 내요. 그리고 그 모습은 무척 멋있어 보이지요. 하지만 많은 사람이 자신이 빛나고 있다는 걸 모르는 것 같아요. 친구의 반짝이는 모습을 이야기해 주세요. 더욱 빛나는 별이 되도록.

넌 참 괜찮은 친구야

'괜찮은 친구'란 좋다, 멋지다, 인정하다, 알차다 등 매우 다양한 긍정적인 의미를 담고 있어요. 친구가 인정한 친구라니, 멋진 훈장을 받은 것처럼 자존감이 쑥 올라갈 거예요.

059 우린 계속 발전하고 있잖아

어떤 일을 할 때 눈에 보이게 훌쩍 실력이 오르면 좋겠지만, 대부분은 처음에는 변화가 거의 보이지 않다가 어느 수준 이상이 되었을 때 수직으로 실력이 상승해요. 친구가 꾸준히 노력할 수 있도록 작은 발전도 칭찬해 주세요.

060
실패하면 어때, 또 도전하면 되지

새로운 일을 시도만 해 보고 좌절하는 친구가 있어요. 난 잘하지 못할 거라고 미리부터 결정짓고 다시 시도조차 하지 않아요. 주저하는 친구에게 새로운 것에 도전하는 즐거움을 알려 주면 어떨까요? 친구야, 또 도전하자!

061
노력은 절대 배신하지 않는대

결과에 상관없이 무언가에 힘을 써 노력한다는 건 아주 대단한 일이에요. 그런데 과정을 보지 못하고 결과를 향해 달리다 보면 쉽게 좌절할 수 있어요. 지쳐서 포기하려는 친구에게 이 말을 전해 보면 어떨까요?

우울할 땐 떡볶이지, 내가 쏜다

우울한 마음으로 혼자 있으면 기분을 바꾸기 힘들어요. 이럴 때는 친구가 나서서 새로운 놀이나 좋아하는 음식으로 상황을 바꿔 주면 우울한 마음을 좀 더 쉽게 떨쳐낼 수 있어요. '오늘은 내가 쏜다.' 아껴 두었던 용돈을 우울한 친구를 위해 써 보는 건 어떨까요?

도움이 필요하다면 언제든 불러

힘든 일을 겪고 있을 때 속상해만 하고 있는 것보다는 친구에게 '너의 곁에는 내가 있어.' 또는 '도움이 필요하면 언제든 불러.'라는 말을 건넨다면 친구는 크게 의지가 될 거예요. 언제든 달려갈 친구가 있다는 건 행복한 일이니까요.

064
넌 특별하고 소중해

때때로 자존감이 바닥으로 떨어져 스스로를 소중하게 생각하지 않는 친구가 있을 때 그 친구에게 해 주면 좋은 말이에요. 우린 누구나 없어서는 안 될 소중하고 특별한 존재니까요.

065
긍정의 힘을 믿어 봐

어떤 일을 시작하기도 전에 부정적인 결과만 생각하다 보면 더 좋은 결과를 얻을 수 있었음에도 능력을 제대로 발휘하지 못하는 경우가 많아요. 이때 옆에서 긍정적인 생각을 계속 들려 주세요. 어느새 밝게 변한 친구가 보일 거예요.

4장 조언·감사의 말

이렇게 생각해 보면 어떨까?

한 가지 생각에 사로잡혀 그 속에서 빠져나오지 못하는 친구에게 생각을 전환할 수 있게 돕는 말이에요. 반대 상황을 직접적으로 설명하여 '아, 저럴 수도 있겠구나!' 하고 깨닫게 하지요. 하지만 이때 친구의 생각을 비판해서는 안 된답니다.

067 생각에 맞고, 틀린 건 없어

서로 의견을 나누다 보면 자신의 의견만 옳다고 우기는 사람이 있어요. '나는 맞고 너는 틀려!' 하지만 이런 생각으로는 의견을 나눌 수 없지요. 누구나 생각이 있고, 그 생각을 존중하며 의견을 나눌 때 가장 좋은 결론을 내릴 수 있어요.

속여서 이기는 것보다 지는 게 나아

아무도 모르게 속인 것 같지만, '낮말은 새가 듣고, 밤말은 쥐가 듣는다'는 속담처럼 아무리 잘 감추려 해도 다른 사람 눈에는 잘 보여요. 혹시 친구가 이런 실수를 했다면, 비난하기 전에 바로잡을 기회를 줘 보는 건 어떨까요?

잘못은 바로 사과하는 게 좋아

궁지에 몰려 자신도 모르게 툭 거짓말이 나올 때가 있어요. 하지만 이런 거짓말은 더 큰 거짓말을 만들어 되돌리기 힘들어져요. 잘못을 했을 때는 바로 인정하고 사과하는 것이 가장 좋은 방법이랍니다.

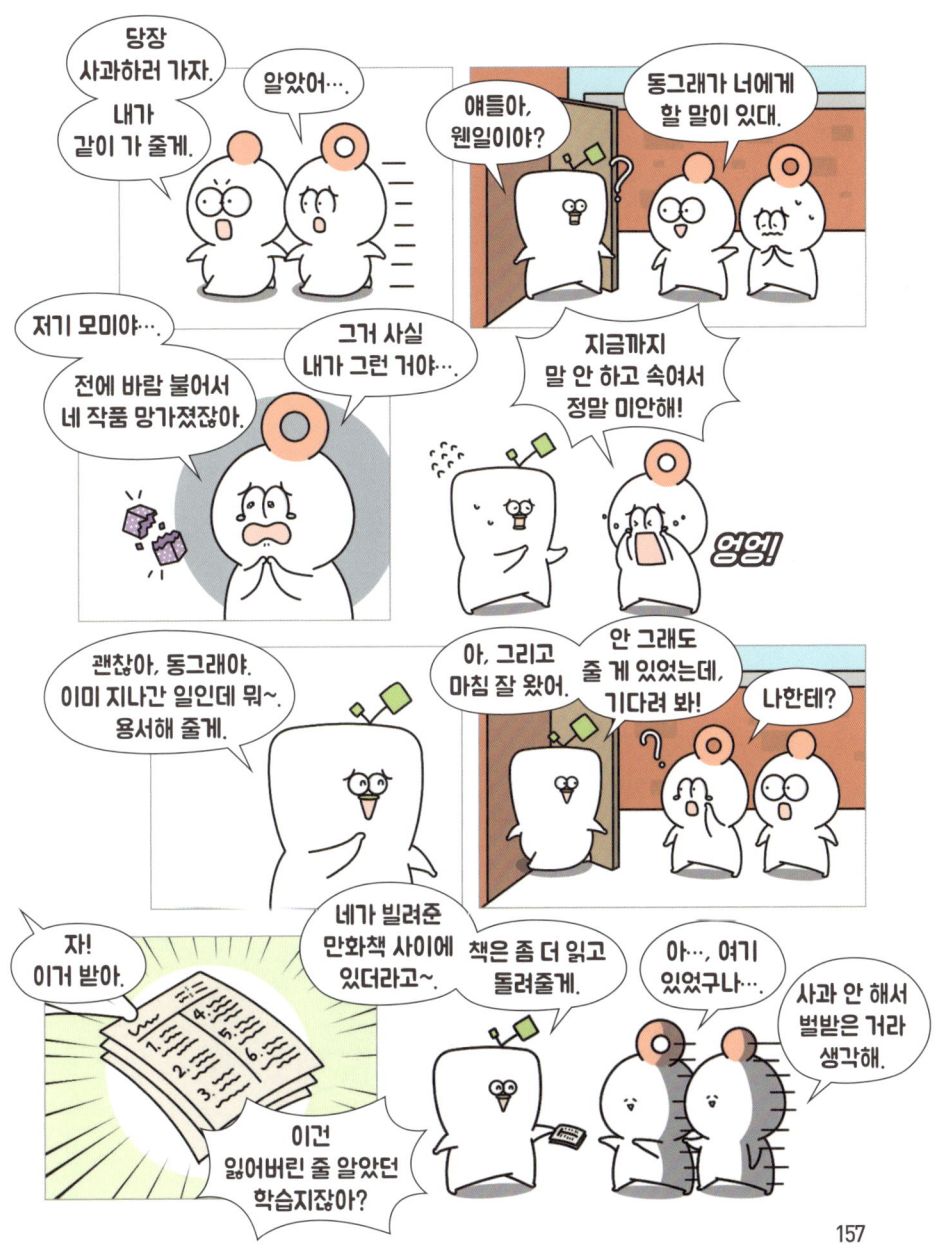

070
지키지 못할 약속은 하지 않는 거야

약속을 쉽게 생각하는 친구들이 있어요. 그러다 보니 잘 지키지도 않고, 상황에 따라 쉽게 바꿔 상대의 마음을 상하게 하지요. 이런 상황이 반복되면 친구 사이의 신뢰가 깨지고 결국 갈등의 원인이 된답니다. 그러기 전에 조언해 주세요.

071 겉모습보다는 마음을 봐야 해

첫인상에서 가장 먼저 눈길을 끄는 건 겉모습이에요. 하지만 함께 생활하다 보면 겉모습은 전혀 눈에 들어오지 않지요. 도리어 보이지 않는 마음 씀씀이나 성격이 더 중요해진답니다.

072
말로도 상처 입힐 수 있어

입에서 나가면 사라져 버리는 말은 보이지 않아 그 날카로움을 잘 알지 못해요. 그래서 다른 사람을 상처 입힐 수 있다고 생각하지 않지요. 하지만 몸의 상처보다 말에 입은 상처가 마음에 남아 훨씬 더 오래 간답니다.

073
말을 잘하기보다 잘 듣는 게 중요해

말하기를 좋아하고 잘하는 사람이 있어요. 그러다 보니 말할 기회도 많고 친구들에게도 인기가 많아요. 하지만 말하고 싶어 다른 사람의 말은 잘 듣지 못해요. 함께 즐거운 대화가 되려면 듣기도 잘해야 한다는 걸 말해 주세요.

074 핑계는 신뢰를 잃게 해

'핑계'는 불편한 순간을 피하기 위해 사실을 감추려는 방패막이에요. 거짓말은 아니지만 자꾸 다른 이유를 대다 보면 거짓말처럼 신뢰를 잃게 되지요. 있는 그대로 인정한다면 오해도 신뢰를 잃을 일도 없을 거예요.

075

5분 여유를 두고 움직여 봐

매일 약속에 늦는 친구에게 이런 조언을 해보면 어떨까요? 5분은 짧은 시간이지만 5분만 서두르면 10분 때로는 그보다 많은 시간을 아낄 수 있어요. 또, 잃었던 신뢰까지 되찾을 수 있으니 해 볼 만한 일이겠죠.

076

'만약 나라면' 어떻게 했을까?

갈등이 생겼을 때 가장 좋은 방법은 내가 상대가 되어 보는 거예요. 상대 입장에서 '만약 나라면…' 하고 입장을 바꾸면 풀리지 않던 일들이 의외로 스르륵 쉽게 풀리고, 이해할 수 없었던 일도 이해할 수 있게 되지요.

077 네 믿음에 더 잘할 수 있었어

나를 믿고 응원해 준 친구에게 할 수 있는 감사의 말이에요. 일반적으로 하는 '고마워'라는 말도 좋지만, '더 잘할 수 있었어.'라는 직접적인 도움을 자세하게 표현하는 것이 듣는 사람을 더 기분 좋게 하지요.

078

모두 네 덕분이야

좋은 결과를 얻게 된 공을 모두 상대에게 넘기는 감사의 말이에요. 자신을 낮추는 겸손함까지 담고 있어 어른께 해도 좋은 말이에요. 이런 인사를 받으면 민망하면서도 왠지 기분 좋아질 것 같아요.

079

감동이야(감격스러워)

과장되게 고마움을 표현할 때 사용하는 감사의 말이에요. 조금은 요란해 보이지만 크게 기뻐하는 모습에 상대는 더 큰 만족감을 느낄 수 있어요. 친구에게 선물을 받았을 때 한번 말해 보세요. 좋아하는 모습에 주는 사람이 더 좋아할 거예요.

080 사랑합니다

가족, 친구, 선생님 누구에게 해도 정말 좋은 감사의 말이에요. 하지만 쑥스러운 마음에 점점 사용하지 않다 보니 어색한 말이 되었지요. 처음엔 '사랑해' 하고 말하는 것이 어색하겠지만, 하다 보면 '고마워'처럼 자연스럽게 사용할 수 있을 거예요.

081

네가 있어 참 다행이야

내가 할 수 없거나 어려운 일을 상대가 해 주었을 때 안도와 고마움을 전하는 말이에요. 소소한 작은 일이 될 수도 있고, 긴박하거나 위험한 상황을 극복하는 힘든 일일 수도 있어요. 나에게 도움이 필요한 순간 나타난 수호천사에게 말해 주세요.

082 오래오래 간직할게(기억할게)

'간직하다'는 마음속 깊이 새기거나 물건 등을 잘 보관하겠다는 뜻으로 상대의 소중한 마음에 크게 감동하여 깊은 감사를 표현할 때 사용하면 좋아요. 한 자 한 자 적어 내려간 친구의 손편지에도 이런 마음이 들 거예요.

083 고마워(감사합니다)

가장 흔하게 많이 쓰는 감사의 말이에요. 연필을 빌려준 짝꿍에게도, 맛있는 저녁을 만들어준 엄마에게도, 대중교통 기사님에게도 어떤 상황에서도 사용할 수 있지요. 작은 배려에도 감사하는 마음을 자주 표현해요.

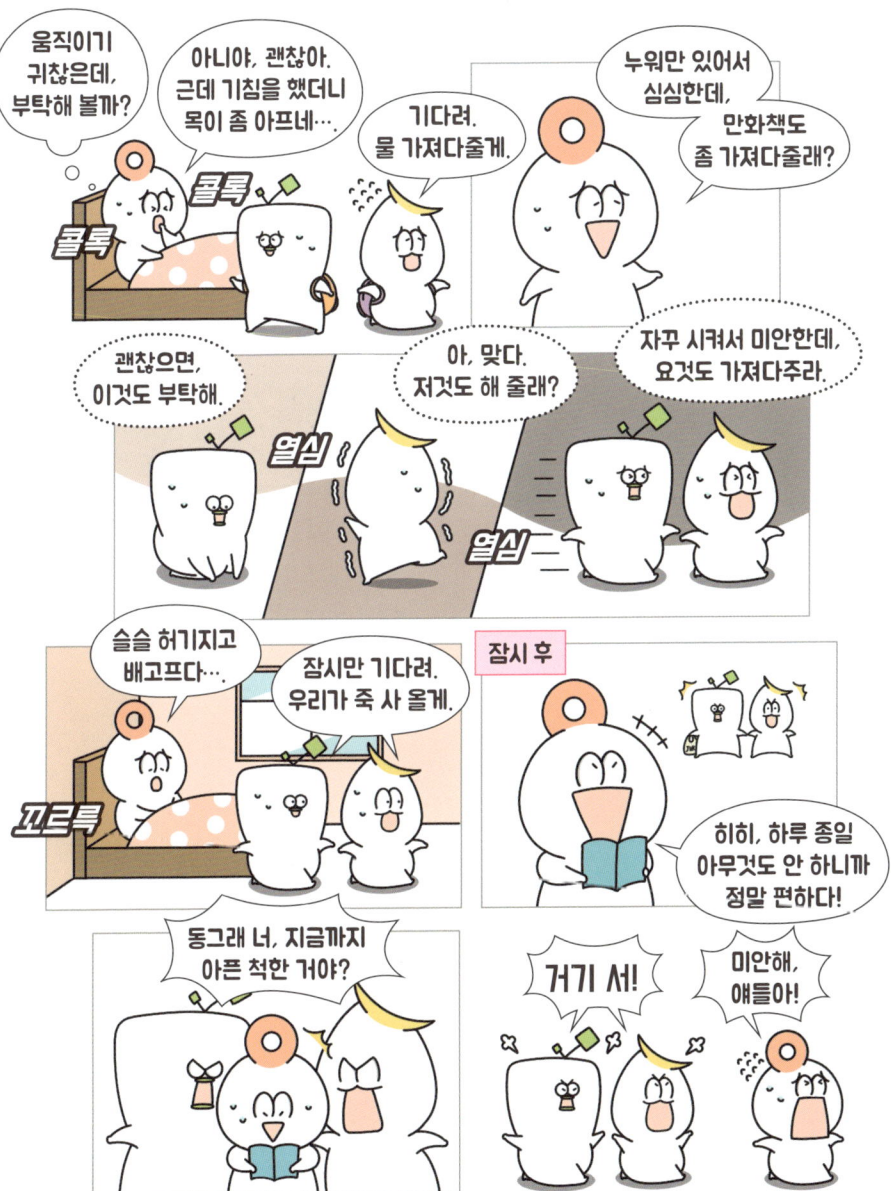

084

네가 곁에 있어 든든해

'든든하다'는 믿음직스럽다는 말로 두려움이나 흔들림이 없음을 말해요. 어려운 상황에서 친구가 든든하게 곁을 지켜준다면 힘든 일도 조금은 수월하게 느껴질 거예요. 곁에서 힘이 되어 준 친구에게 감사의 말을 전해 보세요.

함께라서 정말 기뻐

항상 곁에 있어 소중함을 몰랐던 친구에게 오늘은 고마운 마음을 전해 봐요. '너와 함께라서 더 즐거웠고, 더 행복했어.' 하고 말이죠. 고마움은 표현할수록 커지고 서로를 단단하게 만든답니다.

5장 사과의 말

086 정말 미안해

'사과'는 잘못에 대한 용서를 구하는 일이에요. 그런데 이런 사과를 어색하다고 장난말로 지나치려 하거나 전혀 마음을 담지 않고 '미안해' 하고 툭 던지듯 한다면 받는 사람은 도리어 기분이 좋지 않을 거예요. 사과할 때는 잘못을 인정하고 진심을 담아야 해요.

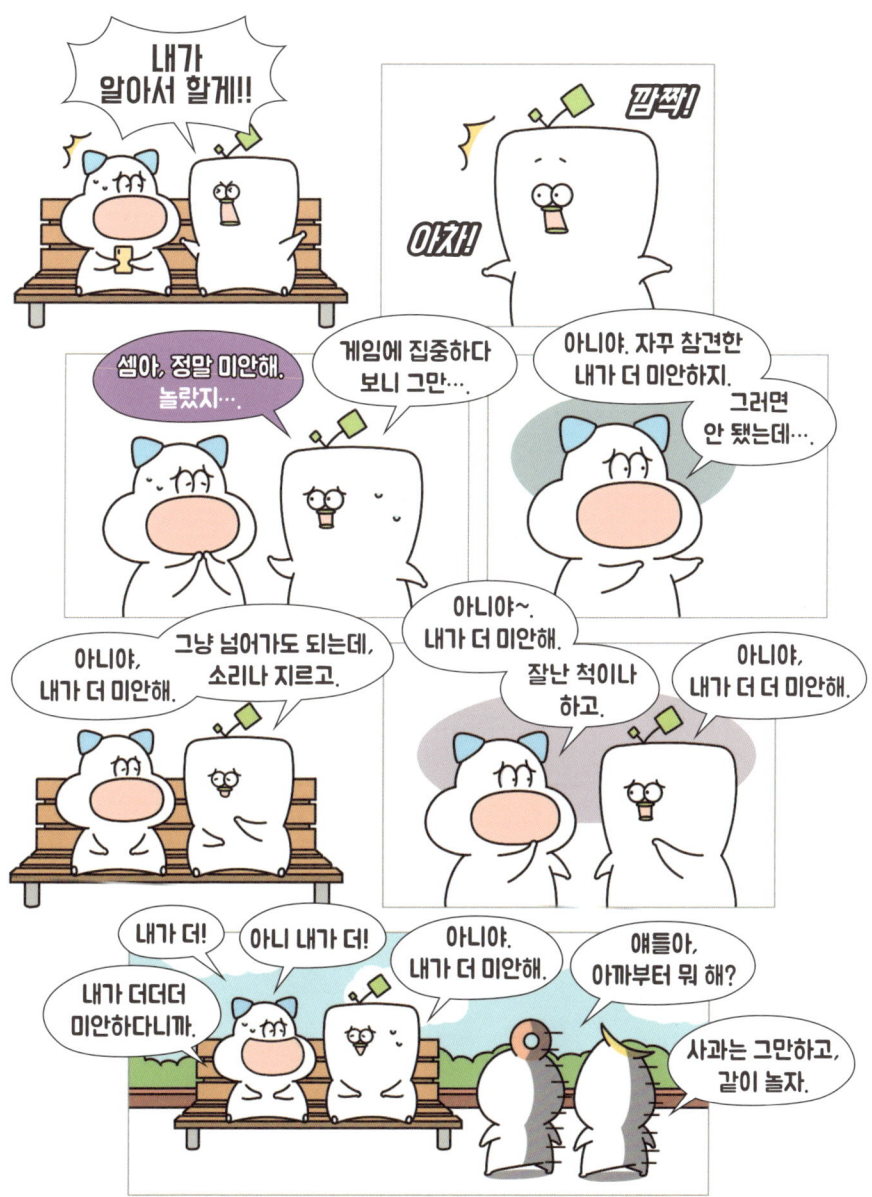

087

내 잘못이야

잘못을 인정할 때는 누가 잘했고, 누가 못했고를 따지지 말아야 해요. 잘잘못을 따지다 보면 감정이 격해져 엉뚱한 싸움으로 커질 수 있어요. 잘못했을 때는 '내 잘못이야.' 하고 깔끔하게 인정해요.

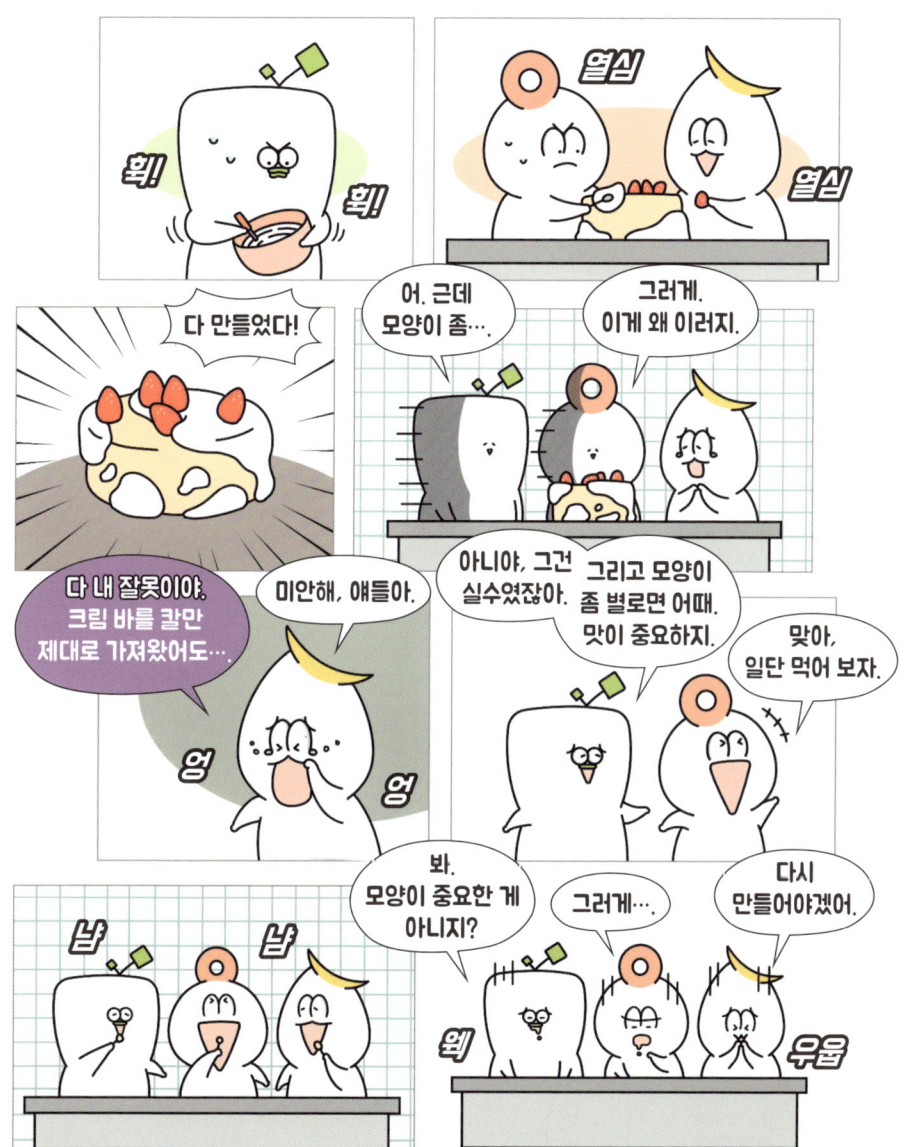

088 핑계는 대지 않을게

사과할 때는 어떤 부분을 자신이 잘못했는지 정확하게 말하고 그 부분에 대해 사과하는 것이 좋아요. 그러다 보면 '난 ○○○ 해서 ○○○하게 됐어.' 하고 설명하게 되는데, 이때 설명이 변명이나 핑계로 들리면 안 되겠지요.

네 마음이 풀릴 때까지 기다릴게

내가 사과했다고 해서 상대가 그 사과를 바로 받아들여야 하는 건 아니에요. 성격이나 잘못한 정도에 따라 마음이 풀리는 시간은 다를 테니까요. 상대가 화를 풀 때를 기다리는 것도 사과한 사람의 몫이랍니다. '친구야, 이제 풀렸니?' 가끔 이런 질문은 애교겠죠.

반성하고 있어. 다음엔 이런 일 없을 거야

'모두 내 잘못이야.' 사과만 하고 또다시 같은 잘못을 반복한다면 당하는 사람은 진짜 미안한 마음이 있었던 건지 의문이 들 거예요. 사과와 함께 반복되는 일이 없을 거라는 약속까지 한다면 더 좋은 사과가 될 거예요. 대신 꼭 지킬 약속이어야 해요.

091
충분히 이해해. 나라도 너처럼 화냈을 거야

사과할 때도 '공감'은 무척 중요해요. 상대의 입장이 되어 왜 화가 났을지 생각해 보면 나의 잘못을 더 잘 알 수도 있고, 사과할 때도 상대가 화가 난 이유를 정확하게 알고 있으니 화가 난 마음도 쉽게 풀릴 수 있어요. '나였다면' 하고 생각해 봐요.

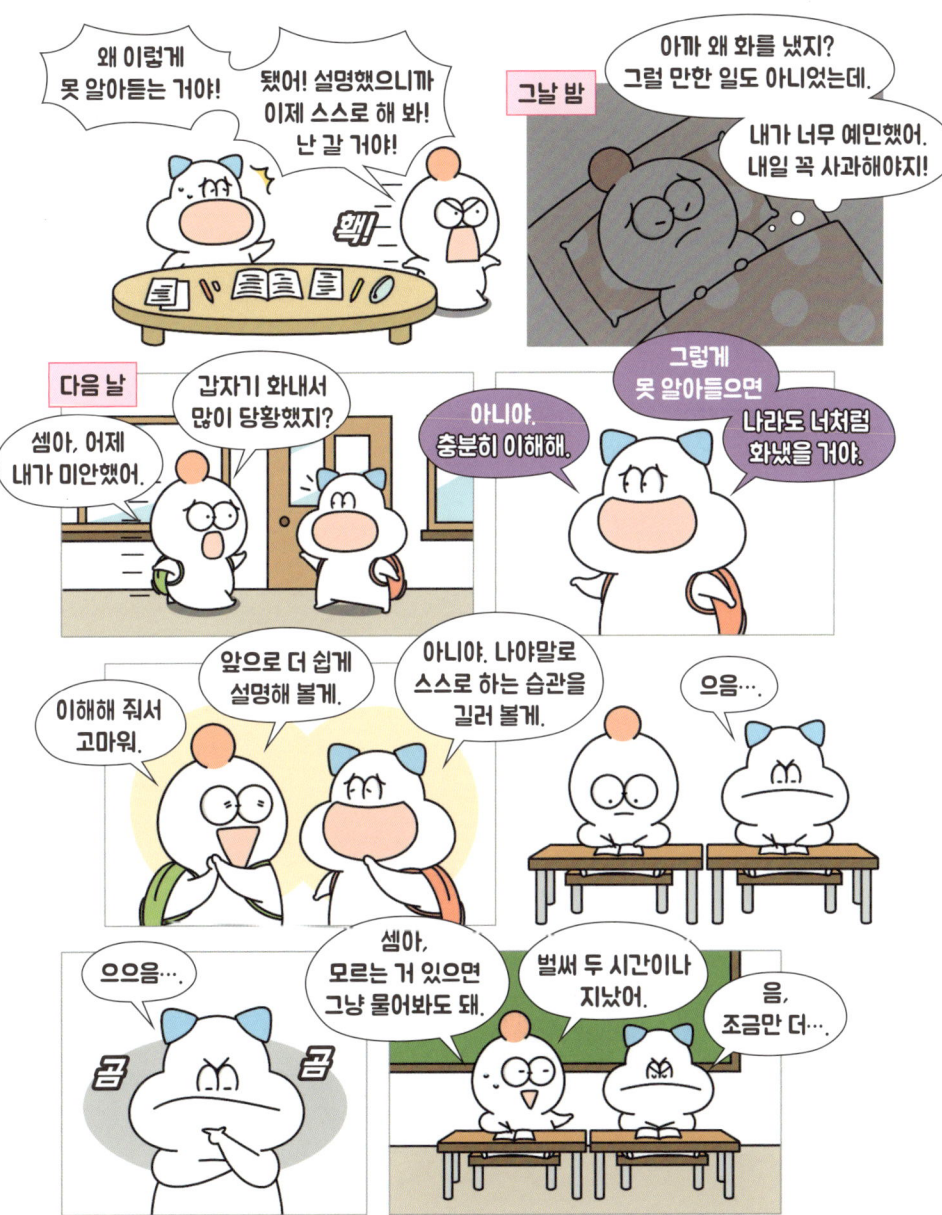

092
괜찮니? 내가 실수했어

실수했을 때는 먼저 상대에게 '괜찮니?' 하고 물어요. '미안해' 사과만 하고 지나칠 수도 있지만, 혹시 다치지 않았는지 묻는 이 질문만으로도 상대는 불쾌한 기분이 들지 않아요. 사과하기 전에 '괜찮니?'하고 먼저 질문해 보세요.

속상했지, 다음엔 더 조심할게

'속상했지'처럼 마음을 읽어 주는 말로 시작하는 것도 좋은 사과예요. 속상하거나 화가 난 마음을 알고 있고, 다시 그런 일이 생기지 않도록 주의하겠다는 것은 단순히 '미안해'만 100번 말하는 것보다 상대가 사과를 쉽게 받아들일 수 있어요.

094
내가 더 신경 썼어야 했는데…

사과의 말이라고 해서 모두 '미안해'라는 말이 붙을 필요는 없어요. 부족하거나 실수했던 부분을 그대로 말로 표현하는 것도 사과의 말이 될 수 있답니다.

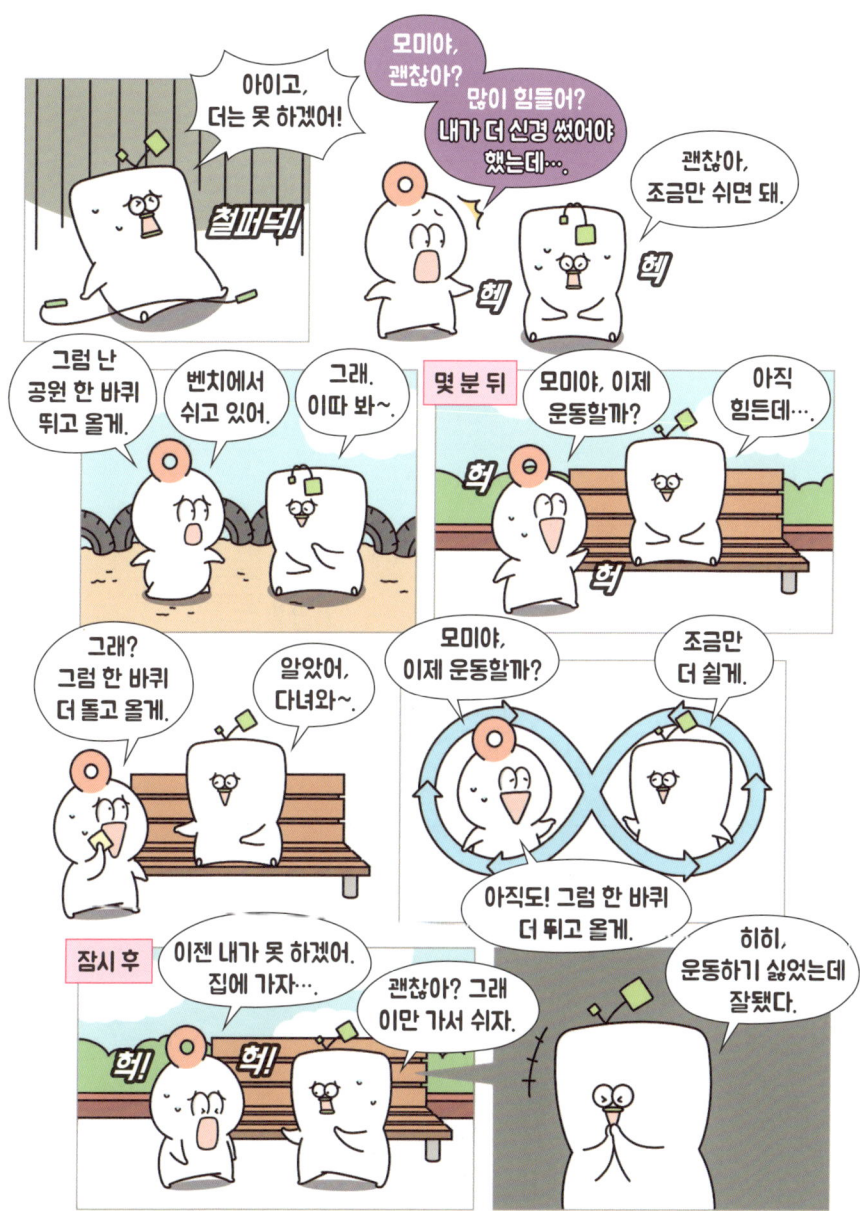

095

미리 연락하지 못해서 미안해

약속을 지키지 못할 때는 먼저 연락하여 상대에게 양해를 구해야 해요. 지키지도 못할 걸 뻔히 알면서 약속 시각이 다 될 때까지도 아무 말도 없이 있는 건 예의에 어긋나요. 혹시 미리 얘기하지 못했다면 꼭 사과하세요.

096 정말 후회하고 있어

'후회'는 잘못을 뉘우친다는 뜻으로 반성하고 있다는 의미로 사용하는 사과의 말이에요. 진지한 표정으로 이런 사과를 듣게 된다면 상대는 '다음에는 그러지 마.' 하고 용서하지 않을 수 없을 거예요.

097

섭섭했지, 내 생각이 짧았어

상대가 좋아하지 않는 것이라고 해서 의견도 묻지 않고 마음대로 결정하다 보면 상대는 무시당했다는 기분이 들 수 있어요. 먼저 의견을 묻고 결정하는 것이 배려예요. 만약 그러지 못했다면 '섭섭했지, 내 생각이 짧았어.' 하고 사과해야겠죠.

미안, 먼저 ○○하고 있을래?

약속을 지키지 못할 때는 미리 연락해야 한다고 했어요. 미리 연락할 때는 사과와 함께 상황을 설명하고, 이후 상대에게 피해가 되지 않는 방향으로 의견을 제시해야 하지요. 극장에서 보기로 했다면 먼저 들어가서 영화를 보고 있으라거나 조금 더 기다려 달라는 말처럼요.

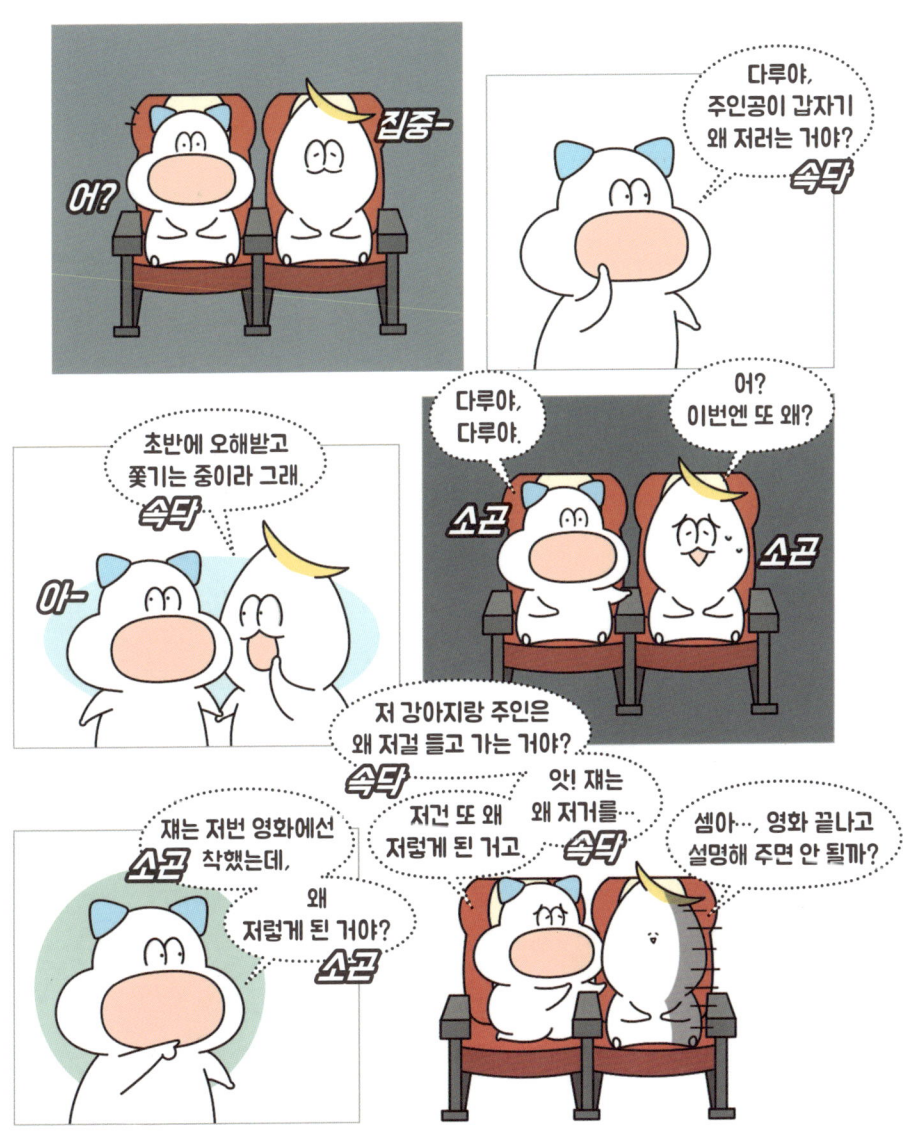

가볍게 생각하지 않아

일부러 그런 것도 아닌데 유난히 실수가 잦은 상대가 있어요. 그 사람에게 당연히 나는 좋은 이미지로 남기 힘들 거예요. 이럴 때는 '가볍게 생각하지 않아.'처럼 상대를 존중하고 있음을 알리고, 스스로 실수를 줄이는 노력이 필요해요.

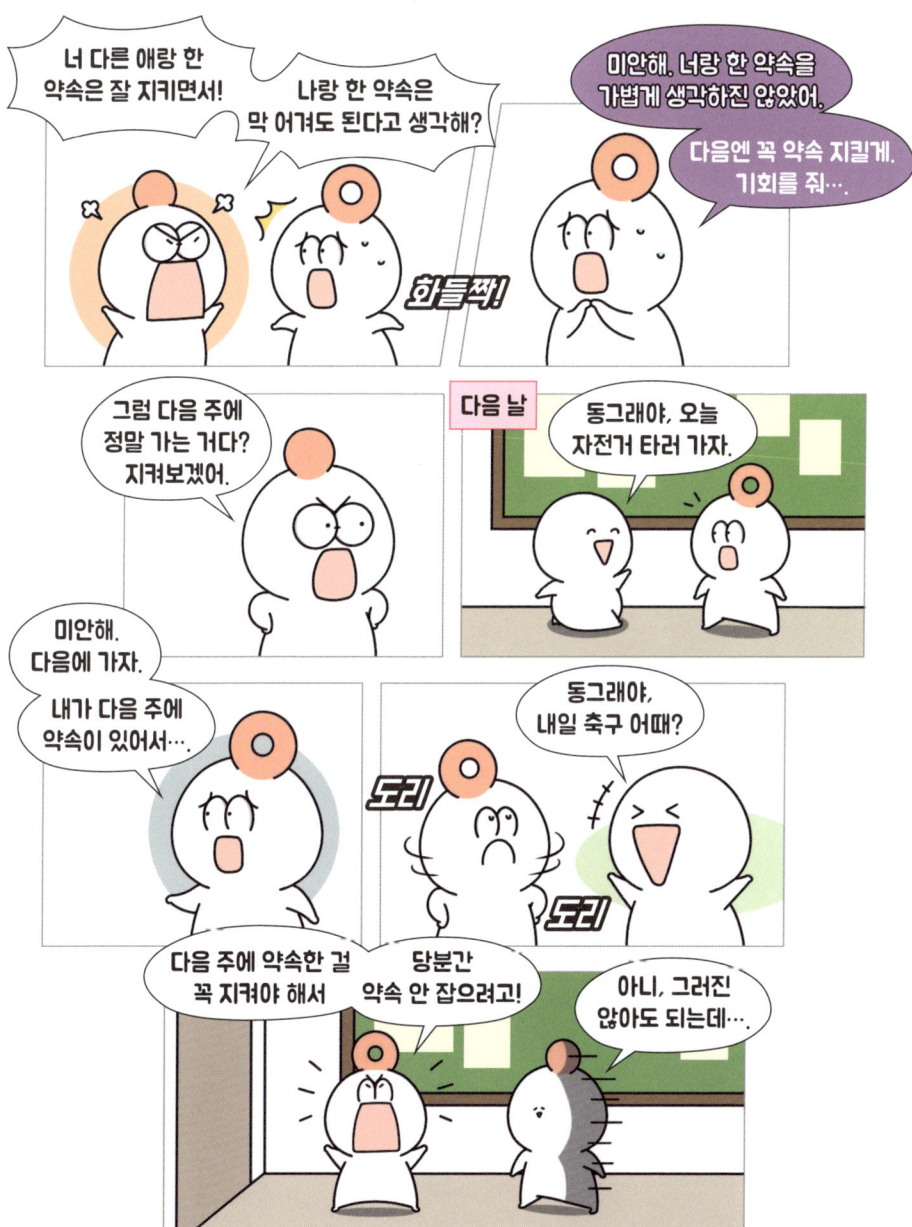

100 오해하게 했다면 미안해

말을 하다 보면 의도하지 않았던 방향으로 흐를 때가 있어요. 그럴 때는 빨리 그런 뜻이 아니었음을 알리고, 자신의 의도를 정확하게 설명하는 것이 좋아요. 이때 '오해하게 했다면 미안해.' 하고 사과의 말을 넣으면 더 좋겠지요.

◇ 읽다 보면 저절로 알게 되는
신비한 공감말 사전

초판 8쇄 2024년 11월 7일
초판 1쇄 2021년 3월 10일

글·그림 양작가

펴낸이 정태선
펴낸곳 파란정원(자매사 책먹는아이)
출판등록 제395-2010-000070호
주소 서울특별시 은평구 가좌로 175, 5층
전화 02-6925-1628 | **팩스** 02-723-1629
제조국 대한민국 | **사용연령** 8세 이상 어린이
홈페이지 www.bluegarden.kr | **전자우편** eatingbooks@naver.com
종이 다올페이퍼 | **인쇄** 조일문화인쇄사 | **제본** 경문제책사

글·그림ⓒ양작가 2021
ISBN 979-11-5868-193-7 73710

이 책은 저작권법에 따라 보호받는 저작물이므로 무단 전재와 무단 복제를 금지하며,
이 책 내용의 전부 또는 일부를 이용하려면 반드시 저작권자와 파란정원(자매사 책먹는아이)의 동의를 얻어야 합니다.
*잘못된 책은 구입하신 서점에서 바꿔 드립니다.